30 Tage SEO Plan

die wichtigsten Tipps in 30 Tagen

Roger L. Basler

Einleitung und Programm	4
Tag 1	5
Optimieren Sie Ihren Titel und Ihre Meta-Description	5
Tag 2	7
Verwenden Sie ALT-Attribute in Ihren Bildern	7
Tag 3	8
Finden und verbessern Sie 404-Fehler	8
Tag 4	10
Richten Sie Weiterleitungen ein	10
Tag 5	11
Strukturieren Sie Ihre URLs	11
Tag 6	13
Kürzen Sie Ihre URLs	13
Tag 7	14
Verlinken Sie	14
Tag 8	16
Nutzen Sie Linktexte	16
Tag 9	17
Kürzen Sie Ihre Klickpfade	17
Tag 10	18
Erstellen Sie Ihre Sitemap.xml	18
Tag 11	20
Erstellen Sie Ihre robots.txt-Datei	20
Tag 12	22

Nutzen Sie kostenlose Google-Tools und recherchieren Sie Ihre Keywords	22
Tag 13	24
Organisieren Sie Ihre Seitennavigation	24
Tag 14	
Prüfen Sie Ihren Page Speed	25
Tag 15	27
Optimiere Deine Website für mobile Geräte	27
Tag 16	29
Identifiziere Duplicate Content	29
Tag 17	30
Verhindere Duplicate Content mit Canonical Tags	30
Tag 18	31
Nutze WDF*IDF zur Contentanalyse	31
Tag 19	33
Entwerfe einzigartige Überschriften	33
Tag 20	35
Suchen Sie Ihr Keywords via site:	35
Tag 21	37
Recycle Sie Ihren Content	37
Tag 22	38
Schreiben Sie mindestens 25 % Content pro Seite	38
Tag 23	
Bringen Sie Abwechslung in Ihren Content	39
Tag 24	40

Nutzen Sie den hreflang-Tag für mehrere Sprachen	40
Tag 25	41
Erstellen Sie ein Google MyBusiness Konto	41
Tag 26	43
Nutzen Sie Soziale Netzwerke	43
Tag 27	45
Interagieren Sie mit Ihren Besuchern	45
Tag 28	46
Erstellen Sie ein Google Search Console Konto	46
Tag 29	47
Erstellen Sie ein Google Analytics Konto	47
Tag 30	48
Fahren Sie fort	48
Über den Autor	49
Haftungsausschluss	50
Kontakt	52

Einleitung und Programm

Eine gute Positionierung bei Google, Bing und Co ist kein Zufall, aber auch keine Hexerei, sondern solides Handwerk. Eine Website kann mit dem Bau eines Hauses verglichen werden: es braucht einen guten Plan, ein solides Fundament, eine ansprechende Struktur und sie sollte von Innen wie von Aussen ansehnlich und repräsentativ sein. Der Plan entspricht einer nachvollziehbaren Geschichte die den Inhalt bestimmt, das Fundament entspricht Code-Elementen wie Title (H1, H2, H3), meta-,alt-tags, description usw., die Struktur der entsprechenden Sitemap innerhalb der Webseite und wie repräsentativ und attraktiv eine Seite ist, bestimmen Keywords und entsprechende Backlinks und sharing-Funktionen. Die oben genannten Bereiche lassen sich in zwei Kategorien einteilen: On-Page- und Off-Page-Optimierung. In beiden Bereichen ist kontinuierliche Weiterentwicklung vonnöten.

Wir haben Ihnen einen Monatskalender zusammengestellt, um Ihnen jeden Tag einen der 30 wichtigsten Tipps in Sachen SEO zu verraten.

Tag 1

Optimieren Sie Ihren Titel und Ihre Meta-Description

In der Google Suche erscheint als erstes Ihr sogenanntes Vorschau-Snippet. Dies ist der erste Eindruck, den Sie bieten, und entscheidet, ob Ihr Kunde die Website besucht oder nicht. Deswegen ist es wichtig, einen guten Titel sowie die Meta-Description anzupassen, dass Sie möglichst einladend wirken. Der Titel zählt zudem auch als Rankingfaktor, die Meta Description ist rein für den Kunden als Blickfang und Information zu Ihrer Website gedacht.

Tipps für den Titel:

Ihr Titel sollte nicht mehr als 70 Zeichen beinhalten, ansonsten wird er von Google gekürzt.

Ergänzen Sie die Seitentitel mit dem entsprechenden Keyword. In unserem Beispiel Suchmaschinenoptimierung

---

Analytics Agentur und Suchmaschinenoptimierung - Mehr Wissen ...
www.analytics-agentur.ch/ ▼
Was können wir für Sie tun? Suchmaschinenoptimierung! Sind Sie ein KMU, eine Zahnärztin, ein Anwalt, ein NGO? Sie wollen gefunden werden bei Google?

Tipps für die Meta-Description:

- Ihre Meta-Description sollte nicht mehr als 175 Zeichen beinhalten, ansonsten wird sie von Google gekürzt.
- Bauen Sie unbedingt einen CTA (Call-to-Action) in Ihre Description ein.
- Zeigen Sie in der Beschreibung den Mehrwert auf, den Ihre Website Ihrem Kunden bietet.
- Bauen Sie Ihre Keywords bereits in Ihre Meta-Description ein.

Tag 2

Verwenden Sie ALT-Attribute in Ihren Bildern

Die Suchmaschinen können Bilder nicht eindeutig identifizieren, weshalb der Text dazu immer noch wichtig ist. Dazu gibt es das ALT-Attribut. Das ALT-Attribut unterstützt Sie, Bilder für Suchmaschinen lesbar zu machen. Es wird auch dem Leser gezeigt, wenn das Bild aus irgendwelchen Gründen nicht geladen hat. Für sehbehinderte Personen ist es ebenfalls von Vorteil, da das ALT-Attribut mit Vorleseprogrammen vorgelesen werden kann.

Tipps:

- Kontrollieren Sie jetzt Ihre Website auf die ALT-Attribute.
- Korrigieren Sie die fehlenden Alt-Attribute.
- Verwenden Sie Ihre Keywords.
- Beschreiben Sie das Bild in dem Alt-Attribut.

Tag 3

Finden und verbessern Sie 404-Fehler

Sie kennen vermutlich den Fehler "404 - file not found". Einerseits ist es mühsam für Ihren Kunden, wenn die gewünschte Seite fehlerhaft angezeigt ist. Anderseits kann es auch das Crawling der Website behindern. Je mehr 404-Fehler auf einer Website vorhanden sind, desto niedriger wird der Wert von Google festgelegt. Entstehen können diese Fehlermeldungen durch sogenannte "Broken Links", das sind URLs, die nicht funktionieren.

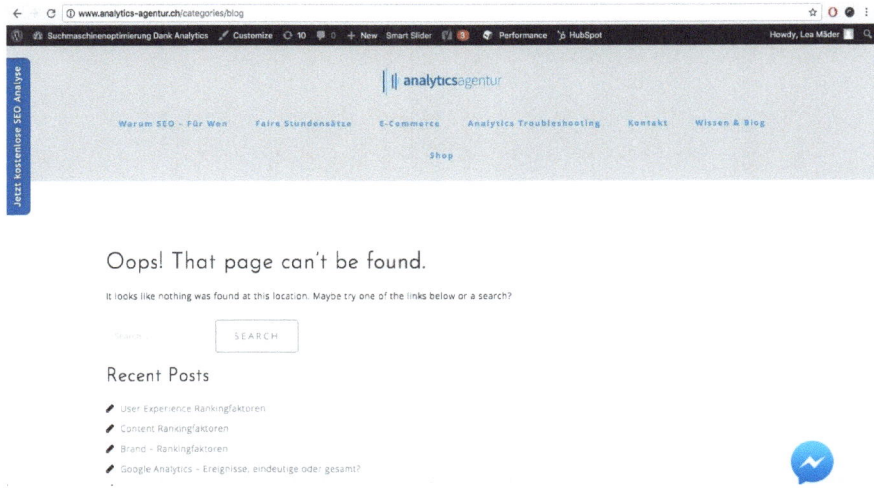

Tipps:

- Kontrollieren Sie Ihre Website auf 404-Fehler.
- Korrigieren Sie fehlerhafte URLs.
- Prüfen Sie, ob andere Webmaster fehlerhafte Links auf Ihre Website verweisen.
- Hinterlegen Sie eine Suchfunktion für fehlerhafte URLs, wie Sie in dem Beispiel sehen.

Tag 4

Richten Sie Weiterleitungen ein

Wenn Sie mit Ihrem Server umziehen, müssen Sie URLs umleiten. Dafür gibt es zwei Möglichkeiten: Sie können mit dem Status Code 302 eine temporäre Weiterleitung einrichten, bei der Google Ihre alte URL im Index behält und Ihre Kunden auf die richtige URL weiterleitet - jedoch nur für eine bestimmte Zeit. Möchten Sie eine URL dauerhaft umleiten, können Sie den Code 301 verwenden. Dies ist eine permanente Weiterleitung.

Tipps:

- Prüfen Sie die Weiterleitungen von Ihrer Website.
- Kontrollieren Sie Ihre 302-Weiterleitungen, ob sie mit Status 301 ersetzt werden können.

Tag 5

Strukturieren Sie Ihre URLs

Eine URL sollte strukturiert und übersichtlich sein. Ein Grossteil der Google-Suchen wird über die Direct-Search abgehandelt, je einfacher Ihre URL ist, desto mehr Nutzer können direkt im Suchfeld die URL eingeben.

Die Struktur der URL wirkt sich auf die Geschwindigkeit aus, was bedeutet, dass der Googlebot sich wesentlich weniger anstrengen muss, Ihre Seiten zu durchkämmen. Dies bedeutet wiederum, dass Ihre Seite als benutzerfreundlich angesehen wird und höher gerankt wird.

Sogenannte sprechende URLs helfen nicht nur der Orientierung, sondern auch für Marketing-Aktionen gut geeignet. Wenn man auf Werbeplakate oder für bestimmte Aktionen die direkte URL angibt, ist es von Vorteil, wenn man sich diese einfach merken kann.

ⓘ www.analytics-agentur.ch/category/blog/

Tipps:
- Kontrollieren Sie Ihre Website auf sprechende URLs.
- Testen Sie Ihre Klickpfade.
- Prüfen Sie die Strukturen Ihrer URLs, es sollten maximal vier Ebenen sein.
- Kontrollieren Sie, ob Ihre Verzeichnisse Sinn machen.
- Vergessen Sie nicht, wenn Sie ANpassungen vornehmen, 302-Weiterleitungen auf 301 zu ändern

Tag 6

Kürzen Sie Ihre URLs

Die Länge einer URL beeinflusst Ihr Ranking nur indirekt. Es geht in dasselbe Thema wie die Struktur: Einfache und kurze URLs können besser gemerkt werden, was die Nutzerfreundlichkeit enorm erhöht. Ein nächster Vorteil ist auch, dass eine kurze URL bis 74 Zeichen auch den Google-Snippets angezeigt werden kann.

Kontakt - Suchmaschinenoptimierung Dank Analytics
www.analytics-agentur.ch/kontakt/ ▼
Haben Sie Fragen zum Thema SEO und **Analytics**? Fragen Sie uns ungeniert, wir ... **Analytics Agentur** Neustadtgasse 1a 8400 **Winterthur**. Rufen Sie uns an:+ ...

Tipps:

- Streichen Sie alle unnötigen Wörter wie bestimmte und unbestimmte Artikel und Konjunktionen.
- Halten Sie sich an Ihren Domain-Stamm.

Tag 7

Verlinken Sie

Der Googlebot kann durch interne Verlinkungen bewusst gesteuert werden. Dies hat den Vorteil, dass man ihn direkt lenken kann und ihm einen sinnvollen Weg aufzeigt. Der Googlebot weiss dann sofort, welche Ihrer Seiten die wichtigsten sind. Wenn der Bot auf eine sogenannte "verwaiste" Seite gelangt, wird sein Crawling abgebrochen, da er darauf angewiesen ist, sich von Link zu Link fortzubewegen.

Kontakt

Haben Sie Fragen zum Thema SEO und Analytics? Fragen Sie uns ungeniert, wir helfen sehr gerne weiter. Beachten Sie auch, dass wir zahlreiche massgeschneiderte Angebote im Flat-Abo oder im Bereich Schulung haben. Wir würden uns über Ihren Kontakt sehr freuen.

Lernen Sie uns persönlich kennen und wir können Sie bestimmt überzeugen. Unser Credo ist: *Hilfe zur Selbsthilfe*. Denn nur wenn Sie verstehen, was wir tun und warum wir es tun, können wir gemeinsam ein besseres Verständnis für SEO schaffen. Wir bringen Ihnen bei, was zu tun ist, *damit wir gemeinsam besser werden*.

Fragen Sie uns zu fairen und transparenten Stundensätzen von CHF 150.- / Stunde

Wir freuen uns über Ihre Kontaktaufnahme per Formular und melden uns schnellstmöglich.

Tipps:

- Kontrollieren Sie fehlerhafte URLs.
- Prüfen Sie, welche Verlinkungen bei Ihrer Website Sinn machen würden.

Tag 8

Nutzen Sie Linktexte

Der Linktext beschreibt den Link. Sie können so den Nutzer informieren, was sich hinter Ihrem Link genau befindet. Sie können auch dadurch den Googlebot steuern. Verwenden Sie keine nichtssagenden Texte wie "hier mehr erfahren" oder "mehr Infos". Sie können Linktexte auch als Call-to-Action verwenden und eines Ihrer Keywords einbauen. Die Suchmaschine interpretiert diesen Link als relevant für Ihre Website.

Tipps:

- Kontrollieren Sie Ihre Linktexte.
- Ergänzen Sie fehlende Linktexte.

Tag 9

Kürzen Sie Ihre Klickpfade

Ihre Kunden sind generell ungeduldig. Es gilt das Prinzip, dass ein Kunde in höchstens drei Schritten sein Ziel erreichen möchte. Die Klickpfade sollten somit möglichst kurz sein. Dies hat den Vorteil, dass Ihr Leser die Übersicht behält und bei Bedarf gleich weiss, in welchem Menü er sich befindet.

Wiederum kann der Googlebot durch kurze Klickpfade schneller durch Ihre Website navigieren und Ihre Seite so höher ranken.

www.analytics-agentur.ch/seo-fuer-startups/

Tipps:

- Prüfen Sie Ihre Klickpfade.
- Testen Sie, wo Sie zu lange Klickpfade kürzen können.

Tag 10

Erstellen Sie Ihre Sitemap.xml

Ein OnPage SEO KPI für Ihre Website ist die Erreichbarkeit. Ihre Seite darf keinerlei technische Fehler aufweisen. Sie können mit der Unterstützung einer Sitemap.xml dem Googlebot alle URLs mitteilen, sodass dieser sie indexieren kann. Der Aufbau einer Sitemap.xml gestaltet sich folgendermassen:

```
<?xml version="1.0" encoding="UTF-8"?>
 <urlset xmlns="http://www.sitemaps.org/example/sitemap/0.9">
  <url>
    <loc>http://www.example.com/</loc>
    <lastmod>2005-01-01</lastmod>
    <changefreq>monthly</changefreq>
    <priority>0.8</priority>
  </url>
 </urlset>
```

In der Sitemap.xml Datei wird die Codierung angegeben. Sie können die URL mit weiteren Metadaten ergänzen, ein Beispiel hierfür sind <changefreq>, was für die Frequenz der Änderungen steht.

Die Sitemap.xml kann entweder durch CMS wie Wordpress erstellt werden, oder mit speziellen Sitemap-Programmen. Danach laden Sie die Daten in die Google Search Console hoch. Google prüft die Datei, garantiert jedoch nicht, dass jede Seite von ihnen auch indexiert und gecrawlt wird.

Tipps:

- Kontrollieren Sie regelmässig Ihre Sitemap.xml.
- Wenn Sie URLs verändern, passen Sie Ihre Sitemap.xml ebenfalls an.
- Testen Sie die Status Codes Ihrer Website mit der Sitemap.xml und beheben Sie allenfalls die Fehler.

Tag 11

Erstellen Sie Ihre robots.txt-Datei

Der robots.txt ist eine Datei, die Sie für den Googlebot erstellen, und ihm aufzeigen, welche Seiten Ihrer Website gecrawlt werden sollen. Dies ist vor allem dann nützlich, wenn Sie interne Bereiche wie beispielsweise ein Intranet haben. Sie können damit auch sichergehen, dass alle wichtigen Seiten auf jeden Fall erfasst werden.

Die einfachste Anwendung des robots.txt ist: Form:

User-agent: *

Die Anweisungen gelten in diesem Fall für alle Bots (*). Es gibt keine Einschränkungen beim Crawling. Nachdem die robots.txt erstellt wurde, wird sie im Root-Verzeichnis der Webseite hinterlegt.

Wenn Sie eine Seite nicht gecrawlt haben möchten, können Sie ein "disallow" hinterlegen:

User-agent: *
Disallow: /diesesverzeichnis

Tipps:

- Erstellen Sie eine robots.txt-Datei, um die Suchmaschinen zu instruieren.
- Prüfen Sie Ihre robots.txt-Datei, damit keine wichtige Seite Ihrer Website ausgeschlossen wird.
- Kontrollieren Sie die robots.txt-Datei regelmässig.

Tag 12

Nutzen Sie kostenlose Google-Tools und recherchieren Sie Ihre Keywords

Keywords sind Schlüsselbegriffe, die Sie und Ihre Website beschreiben. Keywords müssen auf Ihre Zielgruppe abgestimmt sein und dienen dazu, den Traffic anzukurbeln. Sie bestimmen die Hauptkeywords und danach können Sie Ihre Seiten und Texte auf diese anpassen. Wir empfehlen für die Recherche Ihrer Keywords einige Tools:

Google Keyword Planner: Der Google Keyword Planner gehört zu Google Adwords. Sie können aufgrund sich mit dem GKP zu Ihrer Website passende Keywords zusammenstellen lassen.

Google Trends: Sie können mit Hilfe von Google Trends herausfinden, welche Keywords am meisten gesucht werden. Sie können ebenfalls Suchanfragen miteinander vergleichen unter verschiedenen Bedingungen.

Google Suche: Die reine Google Suche verrät Ihnen ebenfalls die häufigst gesuchten Keywords, nämlich mittels Google Suggest. Vor allem Longtail Keywords können Sie hier ausfindig machen.

Ubersuggest: Ubersuggest hilft Ihnen ebenfalls in der Suche nach Google Suchanfragen. Das Tool wertet mit Google Suggest die Vorschläge aus.

Tag 13

Organisieren Sie Ihre Seitennavigation

Mit einer strukturierten Seitennavigation können einerseits Ihre Nutzer auf der Website die Orientierung besser finden, und anderseits kann Google damit die Wichtigkeit einer Unterseite bestimmen. Wichtig ist dabei ein sinnvoller Aufbau der Hierarchie: je einfacher desto besser.

Tipps:

- Verwenden Sie Ankertexte.
- Prüfen Sie die Bounce Rate bei den einzelnen Seiten und analysieren Sie diese.

Tag 14

Prüfen Sie Ihren Page Speed

Die Ladegeschwindigkeit Ihrer Website ist ebenfalls wichtig für das Google Ranking. Viele Nutzer brechen die Sitzung ab, wenn die Ladezeit zu lange dauert. Ihre Bounce Rate schnellt dann sofort in die Höhe, was das Ranking Ihrer Website verringert.

Vor allem in der mobilen Version Ihrer Website ist die Page Speed noch wichtiger - denken Sie daran, wie viel Geduld Sie mobile aufwenden. Mit dem Google Page Speed können Sie Ihre Ladegeschwindigkeit testen. Sie können auch das Tool website.grader.com verwenden, um Ihre Seite generell testen zu können.

PAGE SPEED

Might try speeding things up a bit.

Best-in-class webpages should load within 3 seconds. Any slower and visitors will abandon your site, reducing conversions and sales.

READ MORE >

Tipps:

- Prüfen Sie den Page Speed Ihrer Website.
- Testen Sie, warum einzelne Seiten Ihrer Website langsam sind und optimieren Sie diese.
- Kontrollieren Sie die Dateigrösse Ihrer Bilder.
- Optimieren Sie die CSS- und JavaScript-Dateien. Aus Performance Gründen kann man diese in externe Dateien auf dem Server auslagern.

Tag 15

Optimiere Deine Website für mobile Geräte

Heutzutage kann eine Website kaum ohne Mobile Friendliness. Immer mehr Menschen sind mobil unterwegs und prüfen auf Ihrem Smartphone Websites. Eine mobile Version Ihrer Website ist heute ein Muss.

Die Google Search Console bietet einen Mobile Friendliness an, bei dem Sie Ihre Website testen können. In einer mobilefreundlichen Version Ihrer Website müssen Sie darauf achten, dass die Kernaussagen auf einen Blick klar sind. Durch den kleineren Bildschirm müssen Sie noch mehr Übersicht schaffen. Die Buttons müssen genügend gross sein, damit man sie auch mit dem Touchscreen bedienen kann. Verwenden Sie ein sogenanntes Responsive Design, das sich je nach Desktop oder Smartphone-Typ der Grösse und Struktur anpassen kann.

Tipps:

- Schauen Sie sich Ihre Website auf dem Smartphone an.
- Optimieren Sie Ihre Mobile-Version der Website auf alle Geräte, sowohl Apple wie auch Android und jede Grösse davon. Prüfen Sie, ob Sie einen viewport-Tag erstellt haben:
    - <meta name="viewport" content="width=device-width, initial-scale=1.0">

Tag 16

Identifiziere Duplicate Content

Duplicate Content beschreibt doppelte Inhalte, das heisst, wenn unter verschiedenen URLs dieselben Inhalte erreichbar sind. So erschweren Sie dem Googlebot die Priorisierung Ihrer Inhalte, das heisst, er kann nicht feststellen, welches die wichtigen Seiten Ihrer Website sind. Wenn keine wichtigsten Seiten Ihrer Website bekannt sind, kann es keine Topranking Website sein.

Tipps:

- Testen Sie die Erreichbarkeit Ihrer Seite mit und ohne www., http oder https.
- Richten Sie 301-Weiterleitungen auf die gewünschte Domain.
- Prüfen Sie, dass auch Ihre Whitepaper und angehängten Dokumente indexiert werden.
- Testen Sie, ob ein Slash "/" am Ende Ihrer URL einen Unterschied in der Seite verursacht.

Tag 17

Verhindere Duplicate Content mit Canonical Tags

Duplicate Content kann durch Canonical Tags verhindert werden. Canonical Tags ist ein Verweis auf die ursprüngliche URL, das heisst, Sie zeigen dem Crawler, welches die Kopien sind, und somit ist er nicht vom Duplicate Content verwirrt.

Tipps:

- Kontrollieren Sie Ihren Duplicate Content und fügen Sie wo nötig, einen Canonical Tag ein.
- Prüfen Sie die Canonical Tags auf die richtige Schreibweise.

Beispiel:
Originalseite: www.analytics-agentur.ch/hauptkategorie/seite1
Kopie: www.analytics-agentur.ch/weiterekategorie/seite1

Auf der Kopie fügen wir einen Canonical Tag ein:
<link rel="canonical"
href="http://www.analytics-agentur.ch/hauptkategorie/seite1"/>

Tag 18

Nutze WDF*IDF zur Contentanalyse

Content ist ebenfalls ein Kriterium für Ihr Ranking. Google prüft, ob Ihre INhalte einen Mehrwert bieten und ob Ihre Inhalte einzigartig sind. Sie können Ihren Content mittels WDF IDF prüfen. Dieses Tool analysiert Ihre Inhalt auf von Ihnen gegebene Keywords.

Tipps:

- Überprüfen Sie Ihre Texte auf relevante Keywords.
- Schreiben Sie relevanten Content.
- Kontrollieren Sie Ihre Texte mithilfe dem WDF IDF Tool.

Tag 19

Entwerfe einzigartige Überschriften

Überschriften dienen einerseits zur Orientierung und Strukturierung, anderseits müssen sie auch gleich ein Interesse wecken. Überschriften werden im HTML-Quellcode mit einem H gekennzeichnet.

```
<h2><b>Einstieg</b></h2>
<span style="font-weight: 400;">Im </span><span id="snippet_meta" class="desc desc-render">Digital Marketing Professional Bootcamp bei Somexcloud stellt Ihnen ein Kreis aus Fachexperten während fünf Tagen alles vor, was </span><span style="font-weight: 400;">Sie zum Online Marketing wissen müssen.</span>

<span style="font-weight: 400;">Der Kurs richtet sich an:</span>
<ul>
    <li style="font-weight: 400;"><span style="font-weight: 400;">Erfahrene Marketing-Profis ohne digitales Vorwissen, die ihr digitales Know-how schnell und kompakt aufbauen und zertifizieren möchten</span></li>
    <li style="font-weight: 400;"><span style="font-weight: 400;">Geschäfts-, Verkaufs- und Marketingleiter, die die Bedeutung und die Möglichkeiten der digitalen Präsenz ihres Unternehmen verstehen und stärken wollen</span></li>
    <li style="font-weight: 400;"><span style="font-weight: 400;">Quereinsteiger mit Marketing-Affinität, die neue digitale Herausforderungen in der Arbeitswelt suchen</span></li>
    <li style="font-weight: 400;"><span style="font-weight: 400;">Mitarbeiter in klassischen Marketing- und Werbe-Agenturen, die ihre Kompetenz und ihre Zertifizierungen in Digital Marketing ausbauen wollen</span></li>
</ul>
<span style="font-weight: 400;">Sie brauchen keinerlei Vorwissen, um in den Kurs einzusteigen, unsere Experten werden Ihnen kompetent aktuelles Wissen und aktuelle Trends vermitteln. Nach diesem intensiven Bootcamp können Sie die Prüfung zum "Certified Digital Marketing Professional" ablegen, die vom Digital Marketing Institute entwickelt wurde. Dieses Zertifikat ist mittlerweile ein internationaler Standard, der zusammen mit Google, Twitter, Facebook, LinkedIn und Microsoft entwickelt wurde. </span>
```

Tipps:

- Brauchen Sie pro Seite nur eine h1-Überschrift.
- Bauen Sie Ihre wichtigsten Keywords in die h1-Überschrift ein.
- Verwenden Sie für weitere Überschriften weitere Überschriften wie h2, h3 etc.
- Verwenden Sie die Überschriften nicht zur Formatierung, nutzen Sie dafür Ihr CSS.
- Verwende, wenn möglich, thematisch ergänzende Keywords in den Unterüberschriften (h2, h3, etc.)
- Halten Sie Ihre alle Überschriften kurz und knapp.

Tag 20

Suchen Sie Ihr Keywords via site:

Durch Eingabe von site: und Ihrer URL können Sie in der Google Suche prüfen, welches Google als Ihre wichtigsten Seiten rankt. In der Reihenfolge, in der die Seiten erscheinen, bewertet der Googlebot am höchsten bis tiefsten. Ihre Hauptseite sollte auf jeden Fall an der ersten Stelle stehen.

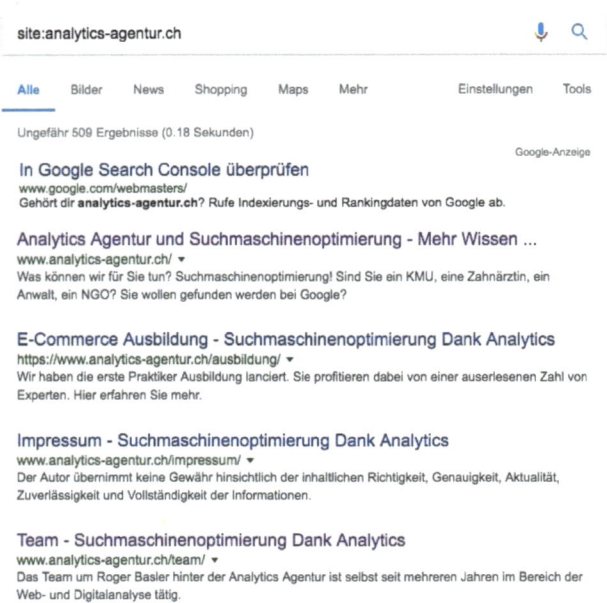

Tipps:

- Testen Sie Ihre Website in der Google Suche.
- Überprüfen Sie, ob das Resultat Ihrer Vorstellung entspricht.
- Prüfen Sie, warum der Googlebot Ihre ersten Seiten so hoch rankt und andere nicht

Tag 21

Recycle Sie Ihren Content

Content Republishing beschreibt das Recycling des eigenen Contents. Sie können Ihre Inhalte neu aufbereiten und updaten, damit auch der Googlebot erkennt, dass Sie Ihre Inhalte up-to-date halten und Ihre Website dadurch höher rankt. Sie können beispielsweise aus bestehenden Blogbeiträgen einen Videokurs, ein Webinar oder einzelne Videos erstellen.

Tipps:

- Schaffen Sie sich regelmässig einen Überblick mithilfe von Google Analytics.
- Kontrolliere regelmäßig die KPIs Deiner Inhalte wie Verweildauer, Traffic oder Scrollverhalten.
- Prüfe Deine Inhalte immer wieder auf Aktualität.
- Achte auf Duplicate Content. Entferne zum Beispiel veraltete Inhalte, wenn Du sie durch Content Republishing ersetzen möchtest.
- Schreibe veraltete Inhalte um oder erweitere sie um nützliche Informationen.
- Passe auch Meta-Angaben wie Title und Description an, wenn Du Inhalte erneuerst.

Tag 22

Schreiben Sie mindestens 25 % Content pro Seite

Thin Content, das heisst, wenn Ihr Textanteil unter 25% ist, bedeutet für den Googlebot, dass Ihre Seite keinen grossen Mehrwert bieten kann. Achten Sie deshalb darauf, dass auf Ihren Seiten mindestens ein Viertel Textanteil vorhanden ist.

Tipps:

- Schreiben Sie pro Seite mindestens 25% Text.
- Formatieren Sie Ihre Texte so, dass sie gut lesbar sind.

Tag 23

Bringen Sie Abwechslung in Ihren Content

Wechseln Sie die Art, wie Sie Content bereitstellen, ab. Bieten Sie Ihrem Kunden verschiedene Variationen Ihres Contents.

Tipps:

- Kontrollieren Sie Ihre Inhalte, ob Sie genügend Abwechslung beinhalten.
- Gestalten Sie Infografiken für schwer erklärbare Themen.
- Erstellen Sie Videobeiträge.
- Stellen Sie verschiedenen Content zur Verfügung.

Tag 24

Nutzen Sie den hreflang-Tag für mehrere Sprachen

Falls Ihre Website in mehreren Sprachen oder Ländern verfügbar ist, muss der Googlebot dies wissen. Für dies brauchen Sie einen sogenannten hreflang-Tag. Dieser Tag bauen Sie ihm <head>-Bereich Ihrer Website ein. Dieser Tag muss für jede Version eingebaut werden. So wird der Nutzer wie auch der Bot genau auf die richtige Version geleitet und muss es nicht mehr mühsam anpassen.

<link rel="alternate" hreflang="Länderkürzel" href="alternative URL"/>

Tipps:

- Bauen Sie den hrfeflang-Tag auf jeder Seite ein.
- Zeigen Sie trotzdem auf jeder Seite alle Versionen, falls Ihr Leser umstellen möchte.
- Implementieren Sie hreflang-Tag in Ihre Sitemap.xml.
- Fügen Sie auch in PDF-Dokumenten den hreflang-Tag ein.

Tag 25

Erstellen Sie ein Google MyBusiness Konto

Die lokale Suche ist bei bestimmten Branchen sehr wichtig. Durch einen Account bei Google MyBusiness oder Yelp können Sie Ihren Nutzer gleich informieren, wo er Sie überall erreichen kann. Denn über 80% der Nutzer werden vor einem Besuch Ihre Website suchen.

Ladengeschäfte oder lokale Dienstleister werden vor dem Besuch laut einer Google-Studie von mehr als 80 Prozent der Nutzer im Netz gesucht. Umso wichtiger ist es deshalb, dass die Webseite für die lokale Suche fit gemacht wird. Der Besuch im Netz ist die Voraussetzung für mehr Umsatz und Kunden.

Tipps:

- Gestalten Sie Ihre Seite unbedingt Mobile optimiert, die meisten Suchen werden über Smartphones getätigt.
- Geben Sie auf überall die gleiche Adresse an.
- Eröffnen Sie ein Google MyBusiness Konto.
- Erwähnen Sie Ihren Standort auch in Ihren Überschriften, wenn möglich in Ihren H1 Überschriften und in Ihrer Meta-Description.
- Kombinieren Sie Ihr Hauptkeyword mit Ihrem Standort.
- Tragen Sie Ihr Unternehmen in Branchennetzwerke wie Yelp ein.

Tag 26

Nutzen Sie Soziale Netzwerke

Social Media liefert Ihnen zusätzlichen Traffic. Um diesen Traffic zu erreichen, müssen Sie Ihre Kanäle aktiv füllen und Conversion zu Ihrer Website generieren können. Interaktionen durch Social Media werden von Google bewertet.

Tipps:

- Verbreiten Sie Ihren Content über Social Media, beispielsweise Ihre Blogbeiträge.
- Testen Sie, um welche Zeit Ihre Zielgruppe in den einzelnen Kanälen aktiv ist.
- Bewerben Sie Ihre wichtigsten Beiträge.

Tag 27

Interagieren Sie mit Ihren Besuchern

Ein ebenfalls wichtiger Faktor für Ihr Ranking ist die Interaktion Ihrer Leser mit Ihrer Website. Fordern Sie Ihre Kunden auf, Ihre Produkte zu bewerten oder Kommentare auf Ihren Blogposts zu hinterlassen.

Tipps:

- Ermuntern Sie Ihre Leser, beispielsweise auf Social Media oder am Ende eines Blogposts, einen Kommentar zu hinterlassen oder Fragen zu stellen.
- Prüfen Sie, ob es Sinn machen würde, einen automatisierten Newsletter für Produktbewertungen einzurichten.
- Starten Sie Diskussionen.
- Erstellen Sie FAQs.

Tag 28

Erstellen Sie ein Google Search Console Konto

Damit Sie Ihre Website überwachen können, empfehlen wir Ihnen die Google Search Console. Sie laden in diese Ihre Sitemap.xml hoch und erhalten dafür Ihre trafficstarken Keywords, mit denen Ihre Website gefunden wird.

Tipps:

- Erstellen Sie ein Konto mit der Google Search Console.

Tag 29

Erstellen Sie ein Google Analytics Konto

Mit Hilfe von Google Analytics können Sie das Besucherverhalten auf Ihrer Website analysieren. Sie können nur Ihre Besucherzahlen pro Website anschauen oder komplizierte Analysen starten. Damit Google Analytics Zugriff auf Ihre Website hat, müssen Sie auf jeder Seite ein Code-Snippet von Google Analytics hinterlegen.

Tipps:
- Kontrollieren Sie wenn möglich monatlich Ihre wichtigsten Kennzahlen. Wir empfehlen Ihnen die Seitenbesuche, Verweildauer pro Seite und die Absprungraten.
- Richten Sie E-Mail-Benachrichtigungen bei grossen Änderungen ein.
- Vergleichen Sie die einzelnen Monate miteinander.
- Passen Sie Ihre Datenschutzbestimmungen an. Wenn Sie Google Analytics verwenden, müssen Sie Ihre Leser darüber informieren.

Tag 30

Fahren Sie fort

Es gibt verschiedene Tools, mit denen Sie den Erfolg Ihrer Website messen können. Auch kostenlose Tools, die wir hier vorgestellt haben, können Ihnen viel weiterhelfen.

Sie haben in den letzten 30 Tagen mit unseren wichtigsten Tipps Ihre Suchmaschinenoptimierung verbessert. Sie kennen nun technische, OnPage-, Content-, und Performance-Tipps zur Suchmaschinenoptimierung. Sie sind nun fast ein SEO-Experte.

Haben Sie Geduld: SEO ist ein Marathon und kein Sprint. Suchmaschinenoptimierung ist ein kontinuierlicher Prozess.

Sie werden sehen - es lohnt sich!

Über den Autor

Roger L. Basler de Roca ist Betriebsökonom FH und Unternehmens-Architekt. Er ist Referent und Autor seit mehreren Jahren und bekannt für innovative und digitale Geschäftsmodelle. Als Digital Native mit einer Vorliebe für Sprachen und fremde Länder war er lange als Berater im Ausland (u.a China, USA, Naher Osten sowie Nordeuropa) tätig.

In seiner Funktion als Unternehmens-Architekt steht er etablierten Unternehmen und Startups in der Schweiz, Deutschland und Österreich in den Bereichen Business-Development, Digitales Marketing und e-Commerce als Sparringpartner und unternehmerisch beteiligter Berater zur Seite.

Sie erreichen ihn via www.unternehmens-architekt.ch oder via LinkedIn

Haftungsausschluss

Das Werk einschliesslich aller Inhalte ist urheberrechtlich geschützt. Alle Rechte vorbehalten. Nachdruck oder Reproduktion (auch auszugsweise) in irgendeiner Form (Druck, Fotokopie oder anderes Verfahren) sowie die Einspeicherung, Verarbeitung, Vervielfältigung und Verbreitung mit Hilfe elektronischer Systeme jeglicher Art, gesamt oder auszugsweise, ist ohne ausdrückliche schriftliche Genehmigung sind untersagt. Alle Übersetzungsrechte vorbehalten. Die Benutzung dieses Buches und die Umsetzung der darin enthaltenen Informationen erfolgt ausdrücklich auf eigenes Risiko. Das Werk inklusive aller Inhalte wurde unter grösster Sorgfalt erarbeitet. Dennoch können Druckfehler und Falschinformationen nicht vollständig ausgeschlossen werden. Der Autor übernimmt keine Haftung für die Aktualität, Richtigkeit und Vollständigkeit der Inhalte des Buches, ebenso nicht für Druckfehler. Es kann keine juristische Verantwortung sowie Haftung in irgendeiner Form für fehlerhafte Angaben und daraus entstandenen Folgen vom Autor übernommen werden.

Für die Inhalte von den in diesem Buch abgedruckten Internetseiten sind ausschliesslich die Betreiber der jeweiligen Internetseiten verantwortlich.

1. Auflage Dezember 2017

Autor, Herausgeber, Redaktion, Satz, Gestaltung (inkl. Umschlaggestaltung), Texte, Bilder, Titelbild: Roger Basler und Lea Mäder.

Kontakt

Analytics Agentur

Neustadtgasse 1a

8400 Winterthur

Schweiz

mail@analytics-agentur.ch

www.analytics-agentur.ch

+41 44 856 62 65

Fragen Sie uns für digitale Geschäftsmodelle, digitales Marketing, E-Commerce, Social Media und SEO!

www.ingramcontent.com/pod-product-compliance
Lightning Source LLC
Chambersburg PA
CBHW040328220526
45473CB00009B/2604